LES COVSTVMES

DE LA BARONNIE, CHASTELLENIE DE CHASTEAVNEVF en Thimerays.

Reueuz & corrigez de nouueau.
Auec les Annotations de Maistre
Charles du Moulin, Aduocat
en la Cour de Parlement.

A CHARTRES.

Par CLAVDE COTTEREAV,
Imprimeur ordinaire du Roy
& de ladicte Ville, Ruë
des Changes.

. 1606.

COVSTVMES

GENERALLES DE LA

Baronnie, Chaftellenie de Chafteau-
neuf en Thimerays.

ET PREMIEREMENT.

Des Fiefs & de leur nature, & des droicts
& prerogatiues d'aifn'effe.

ARTICLE I.

TOVS Vaffaux font tenus faire
des fiefs qu'ils tiennent à leur Seigneur feodal, foy & hommage &
ferment de fidelité.

II.

LE Frere aifné peut retenir & porter la foy
des fiefs venuz de Pere, ou de Mere, ayeul ou a-
yeule, ou autrement en ligne directe du confen-
tement de fes freres & fœurs & de ceux qui le
voudront confentir, & en ce faifant les fauue &
garantift de proficl de rachapt : & tiendront lefdicts freres & fœurs leurs portions de luy fa vie

A ij

durant feulement: fans toutesfois payer aucun
rachapt, par lefdicts freres & fœurs audict frere
aifné. n'audict feigneur feodal ladite vie durant
dudict frere aifné.

III.

APRES le trefpas dudict fils aifné, fes freres
& fœurs font tenuz payer rachapt, pour la part
& portion de ce qui leur eft efcheu en fief de la
fucceffion de leurdict frere aifné deceddé fans
hoirs de fa chair, par ce que ce leur eft efcheu en
ligne collateral, Mais de leurs parts & portions
defquels il portoit pour eux la foy & garantie
n'eft deub aucun rachàpt, s'ils font mafles, & s'ils
font fumelles, & elles fe marient du viuant de
leurdict frere aifné qui porte la foy pour fes freres & fœurs, ne fera deub aucun rachapt, par lefdictes filles. foient qu'ils fe marient du viuant de
leurdict frere aifné vne fois ou plufieurs. Mais fi
apres la mort de leurdict frere aifné lefdictes filles
où aucunes d'elles fe marient: foit en premieres
ou fecondes nopces, il fera deub rachapt au feigneur feodal pour le regard dudict mariage faict
& celebré apres le decez dudit frere aifné, pour la
part & portion afferant aufdictes filles.

IIII.

LE fils aifné èn faifant les foy & hommage
aux feigneurs feodaux acquicte les filles des rachapts de leurs premiers mariages.

COMMENT LES FIEFS SE DIVISENT
& des prerogatiues des aisnez.
V.

LE frere aisné entre plusieurs enfans pour sa part & portion doibt auoir pour son droict d'aisn'esse le principal manoir : & arpent & demy de terre à l'enuiron dudict manoir s'ilz y sont, ou le vol d'vn chappon estimé à arpent & demy de terre auec la moictié de tous les fiefs, & l'autre moictié appartient à tous les autres enfans. Et s'il aduient qu'ils ne soient que deux & qu'il y ait vn fils tel fils aura & doibt auoir les deux tierces parties auec ledict principal manoir : & le puisné soit fils ou fille le tiers seullemét. Et n'y à qu'vn droict d'aisn'esse quand audict principal manoir en la succession du Pere ou de la Mere & de toutes les deux si elles sont assises en ceste Baronnie Chastellenies terres & Seigneuries & enclaues d'icelle Et aura laisné le choix de prendre lequel qu'il voudra des manoirs soit du Pere ou de la Mere : & où il auroit choisi vn manoir d'vne desdictes successions : & il en aduient vn autre de l'autre succession : il la pourra prendre & laisser celuy manoir qu'il auoit ia prins & accepté en la succession du Pere ou de la Mere ayeul ou ayeulle. Et s'il y à vn seul manoir feodal proceddant de l'acquisition du Pere & de la Mere ou autrement en quelque maniere que ce soit : ledict fils aisné

le prẽdra integrallement pour son principal manoir apres le trespas de ses Pere & Mere: sans que
ses autres freres & sœurs y puisse rien pretendre
ne demander ce qui en sera escheu de la succession de la Mere auec l'arpent & demy de terre
comme dessus.

VI.

ENTRE filles qui sont en pareil degré de succession : n'y à aucun droiɛt ou prerogatiue d'ais-
n'esse, & ne doibt l'aisnée soit en heritage tenu
en fief ou censif auoir ne prendre plus que ses
puisnées, Ainçois doibuent partir esgallement.

VII.

ES heritages tenus en censif n'y à aucun ad-
uantage ou prerogatiue d'aisn'esse, mais y succedent les freres & sœurs esgallement & par teste,
Aussi font ils és meubles : & ce tant entre nobles
que roturiers.

CHAP. II.

*Des offres que le vassal qui doibt prouffict est tenu
faire à son seigneur feodal.*

VIII.

LE Vassal qui veult entrer en foy & hommage & qui doibt rachapt à son seigneur feodal
est tenu de luy faire trois offres, l'vne d'vne somme d'argent telle qu'il aduisera, l'autre de l'esti-

mation & arbitrage dudict de preud'hommes:
la tierce du reuenu de l'Année auec le marc d'argent auallué selon la quantité du fief.

IX.

L'ANNEE auec le marc d'argent auallué
s'entend: que si le fief est entier: c'est a dire val-
lant Trente liures tournois de reuenu par An, &
que le seigneur feodal accepte pour l'vne desdites offres l'année auec le marc d'argent auallué:
Il aura & prendra en ce cas l'année dudict fief
auec ledict marc d'argent entier. Et si ledict fief
n'est entier, c'est à dire qu'il vaille moins que
Trente liures tournois par An il payera ledict
marc d'argent au suramplage & au prorata du reuenu dudict fief.

X.

LE marc d'argent auallué vault & est estimé
à six liures tournois: & si le fief n'est entier il se
payera au prorata & au suramplaige de ladicte e-
stimation & reuenu dudict fief comme dessus,

XI.

LES preud'hommes & arbitres ont accoustumé en matiere de taxation de rachapt arbi-
trer & taxer pour droict de rachapt des heritages
tenuz en fief, C'est-assçauoir

Vne maison ou manoir soit qu'il soit ediffié
ou non, soixante sols tournois.

La Iustice, soixante sols tournois.

Le Coulombier, ſoixante ſols.

La garenne, ſoixante ſols tournois.

Le four bannier, ſoixante ſols tournois.

Le moulin bannier, ſoixante ſols tournois.

Droict de Tabellionné & ſeaux autenticques ſoixante ſols tournois.

Droict de Peage. ſoixante ſols tournois.

Tous Vaſſaux entiers à plain Cheual de ſeruice chacun, ſoixante ſols tournois.

Chacun muy de terre, ſoixante ſols tourn. Qui eſt pour chacun arpent, cinq ſols tournois.

L'arpent de bois de haute fuſtaye, dix ſois tourn.

L'arpent de taillis & d'autre bois, cinq ſols tour.

L'arpent de Pré, dix ſols tournois.

L'arpent de Nouë : ſix ſols tournois.

L'arpent en bon eſtang fermé de bonde & de chauſſee, dix ſols tournois.

La bonde : ſi l'eſtang contient vingt arpens ou plus : ſoixante ſols tournois.

XII.

ET s'il ne contient vingt arpens ou plus la bonde n'eſt point eſtimée en rachapt, mais ſe rachapte à l'arpent comme deſſus.

XIII.

Le cens ſe tierçoye & la Rente infeodée ſe rachapte ſimplement. C'eſt-aſſçauoir de Vingt ſols tournois de cens, Trente ſols tournois, de Vingt ſols tournois de rente, Vingt ſols.

XIIII.

ET si les choses dessusdictes n'estoient en bonne nature & valeur, la diminution escherroit & eschet au dict & arbitrage desdicts preud'hommes, lesquels considereront les causes de de ladicte diminution si par austerité ou par la coulpe & faute du Vassal, ou pourquoy & comment.

XV.

DESQVELS preud'hommes le seigneur & le vassal seront tenuz conuenir de chacun vn ou deux dedans huictaine apres l'acceptation de l'offre ou la quarantaine passée. Et lesdicts huict iours passez, ou que lesdicts preud'hommes ne puissent conuenir ou ne conuiennent de ladicte diminution, le Iuge suzerain fera ladicte arbitration

XVI.

LE seigneur feodal à le chois desdictes trois offres àluy faicte à prendre celle qui luy plaira dedans quarante iours apres icelles faictes, durant lesquels quarante iours ledict seigneur ne doibt exploicter sondict fief, & si l'exploicte il est reputé payé dudict rachapt : & est tenu le vassal à la fin desdicts quarante iours & iceux passez, reiterer lesdictes offres à son seigneur feodal s'il n'à exploict ledict fief : ou que composition en ait esté faicte : non comprius esdicts quarante iours, le iour desdictes offres & de la reiteration d'icelles : mais si ledict seigneur feodal accepte l'année &

A v.

il y à fermier ou meftayer: ou bien le Vaffal ou
autre laboureur de bonne foy qui ayt aucuns labours & femences, ledict feigneur feodal les payera & rembourfera de leurs labours & loyaux
couftemens au taux & arbitrage de gensà ce cognoiffans: s'il ne fe veult contenter de la moictié
ou du droict que le Vaffal euft prins de fon fermier ou meftayer. Pour taxer lefquels labours &
loyaux couftemens ledict feigneur feodal & le
Vaffal conuiendront de gens à ce cognoiffans
dedans la huictaine apres ladicte acceptation: &
apres lefdicts huict iours paffez: ou que lefdicts
gens efleuz & choifis ne conuiennent ou ne puif-
fent conuenir de ladicte taxation, le Iuge du feigneur du fief faififfant qui aura Iuftice & Iurifdiction à caufe de fondict fief fera ladicte eftimatió
& taxation. Et fi le feigneur du fief n'à Iuftice &
Iurifdiction ordinaire: le Iuge du feigneur du
fief dominent foit mediatement ou immediate-
ment qui aura Iurifdiction fera ladicte taxation
& eftimation: aufquels Iuges fubordinement &
comme deffus les parties auront leur recours
pour ce faire.

XVII.

LE Vaffal eft tenu faire en perfonne la foy
& hommage & lefdictes trois offres au manoir
de la feigneurie dont deppend tel fief qu'il tient
& fi le feigneur n'eft demourant fur le fief, le vaf-

ſal eſt tenu luy ſignifier ſes offres en ſa Iuſtice s'il
à droict de Chaſtellenie & haute iuſtice, & Iuriſdiction & pleds qui tiennent ordinairement & ſi
ailleurs & autrement eſt faict le ſeigneur feodal
n'eſt tenu recepuoir le vaſſal ſi bon ne luy ſemble
Et ne ſont les offres du vaſſal autrement faictes
ſufiſantes & ſera tenu ledict vaſſal laiſſer à ſes deſpens à ſondict ſeigneur feodal ou à ſes Officiers
Procureurs ou meſtayez demourans ſur le lieu la
coppie de ſes offres & reiterations.

XVIII.

ET ſi le ſeigneur feodal n'à hoſtel ſeigneurial
le vaſſal ſera tenu faire ſes offres à la perſonne dudict ſeigneur feodal s'il eſt demourant au lieu, ou
à trois lieues à l'entour au dedans de ceſte baronnie ſi recouurer le y peut, & ſinon à ſes Officiers
ſi aucuns en à audict lieu ou à ſes fermiers & me-
ſtayers anſſi demourans audict lieu à trois lieues
à l'entour au dedans de ladicte baronnie, & non
autrement, & ſera tenu ſignifier leſdictes offres
en la Iuſtice dudict ſeigneur feodal ayans droict
de Chaſtellenie ou haute Iuſtice ſi elle tient ordinairement, ou il ne les auroit faictes en la preſence du ſeigneur feodal.

XIX.

LA Iuſtice eſt reputée tenir ordinairement
quand il y à aſſiſes qui ſe tiennent de ſix ſepmaines en ſix ſepmaines, ou autre Iuriſdiction de

hault Iusticier qui se tiéne de quinzaine en quinzaine, ou de huictaine en huictaine, & s'il y a dis-
continuation faite sans cause raisonnable, le vassal se met en son debuoir de faire ses offres sur le
lieu & principal manoir & en les signifiant audit
seigneur ou ses officiers & fermiers comme dessus sans faire signification en ladite Iustice qui
ainsi seroit discontinuée ou transmuée de lieu en
autre sans cause raisonnable.

XX.

L E Vassal qui ne doibt point de rachapt &
qui doibt foy & hommage seulement, n'est tenu
faire lesdictes trois offres : mais est tenu faire la
foy & hommage à son seigneur de fief comme
dessus au premier article, & ou son seigneur ne
le voudroit recepuoir à ladite foy & hommage
pour se mettre en son debuoir doibt offrir faire
ladite foy & hommage au lieu & manoir dont
depend le fief & le signifier audit seigneur ou à
ses officiers en sa Iustice s'il ha haute Iustice tenant
ordinairement, il suffit de faire ladite offre sur le
lieu & le signifier au seigneur ou à ses officiers ou
fermiers comme dessus : & n'est tenu reiterer lesdictes offres au bout de quarante iours.

CHAP. III.
Du Cheual de seruice.

XXI.

L E Cheual de seruice se peut leuer par le sei-

gneur feodal quand le fief est entier & est reputé
iceluy fief entier, au regard dudit Cheual de seruice quand il vault soixante sols tournois & le
peut leuer vne fois seulement en la vie du vassal,
& sur le vassal qui doibt rachapt & profit de fief,
& sera demandé par le seigneur feodal à tel vassal
par simple action & non par voye de saisine.

CHAP. IIII.
Quand le fief chet en profit de rachapt.
XXII.

LE Vassal du fief qui luy est venu & escheu
par le deces de Pere & de Mere ayeul ou a-
yeulle & par succession de ligne directe soit
en ascendant ou descendant, ne doibt point
de rachapt : mais doibt seulement la bouche &
les mains, & est tenu le seigneur feodal recepuoir
son vassal à qui il est ainsi escheu en ligne directe
en fief sans profit de rachapt : toutesfois si le fief
est abourné on se doibt reigler selon l'abournage
& si ledit abournement porte que le fils doibue
rachapt, par le deces de Pere ou de Mere ayeul
ou ayeulle, il se doibt payer & le payera selon ledict abournement.

XXIII.

LE Vassal est tenu à son seigneur feodal faire
foy & hommage & serment de fidelité, & luy

payer profit de rachapt des fiefs qu'il à acquis &
qu'ils luy font venuz & efcheuz en ligne collateral.   XXIIII.

CELVY qui prend heritage tenu en fief à
rente & refcouffe, doibt rachapt & aucuns proficts de fief de l'heure de ladite prinfe comme s'il
auoit achapté ledit heritage : mais pour bail à ré-
te à toufioursmais ou le bailleur retiendra à luy
la foy & hommage, n'eft deub aucun rachapt.

X X V.

EN fucceffion de ligne collateral où il y à
heritages tenuz en fief, eft deub rachapt & profit
de fief au feigneur feodal.

X X V I.

SI vne fille fe marie vne ou plufieurs fois par
chacun mariage le mary doibt profit de rachapt
du fief de fa femme, & auffi fi le fief luy efchet
durant ledit mariage foit de ligne directe ou collateral & pour chacune mutation de mary, pourueu toutesfois que fon frere aifné ne portaft la
foy pour elle en fucceffion directe: car en ce cas
il la garantift de rachapt fa vie durant comme
dict eft deffus.

X X V I I.

LA Femme mariée par le deces de fon mary
qui durant ledict mariage à rachapté l'heritage
de fa femme, tant qu'elle fera veufue ne doibt
point de rachapt, ne auffi des heritages acquis

durant le mariage de la moitié qui luy en appartient don, son mary à payé & faict les debuoirs: mais si elle se remarie debura rachapt comme dessus. XXVIII.

LES enfans ou hoirs en directe ligne pour les partages & diuisions faicts entre eux des heritages tenuz en fief ne doibue point de rachapt, & s'ils font de rechef partages sans retour d'iceux mesmes heritages ou autre qui soient de la premiere succession de Pere ou de Mere ayeul ou ayeulle, ou d'autres en droicte ligne ou en collateral dont le rachapt est payé, ne doibuent semblablement point de rachapt au seigneur du fief qui est tenu à ce regard les recepuoir en foy & hommage desdits heritages ainsi partagées sans auoir rachapt desdicts partages ainsi faicts ou refaicts sans retour.

CHAP. V.

Quand le seigneur feodal peut saisir & mettre en sa main le fief tenu de luy & faire les fruicts siens.

XXIX.

SI LE VASSAL quicte la foy de l'heritage qu'il tient, le seigneur feodal peut par deffaute d'homme empescher le fief & le mettre en sa main iusques à ce que celuy au profit duquel ladicte quictance aura esté faicte, en ayt faict ses

debuoirs audict seigneur feodal: lequel faict ce
pendant les fruicts de celuy fief siens.

x x x.

VN seigneur feodal par deffaute d'homme,
peut saisir & prendre en sa main le fief tenu de
luy & d'iceluy iouyr & prendre les fruicts à son
profit & en vser comme bon Pere de famille, fait
& doibt faire de sa chose, iusques à ce qu'il en
ait homme qui l'ait seruy & faict ses debuoirs de
fief enuers luy.

x x x i.

LE seigneur feodal ne pourra faire empescher ne exploicter par deffault d'homme, soit
qu'il soit deub rachapt ou non apres la mort de
son vassal le fief tenu de luy sinon quarante iours
apres iceluy trespas, esquels quarante iours ne seront comprins les iours dudict trespas & de la
quarantaine, durant lesquels quarante iours, le
vassal ne pourra vser de sondict fief, sinon comme vn bon Pere de famille.

x x x i i.

LE seigneur feodal faict les fruicts siens de
l'heritage qu'il tient en sa main par deffault
d'homme supposé qu'il descende ou vienne à fils
de succession de Pere ou de Mere, ou autrement
en ligne directe & qu'il soit deub aucun rachapt.

x x x i i i.

VN seigneur feodal par deffault d'homme

ou

ou de debuoirs de fief non faicts & payez, peut
assigner luy mesmes brandon sur les heritages tenuz en fief de luy & les mettre en sa main & les
empescher : & peut aussi si bon luy semble, faire
mettre & apposer la main du Roy ou d'autre seigneur son suzerain dont le fief despend en con-
fortant sa main : Et pendant le temps de ladicte
main mise signifier à son vassal ou au detemteur
dudict fief, le seigneur dudict fief faict les fruicts
siens, & si le Vassal les prend : il est tenu de les re-
stituer & restablir auparauant que le seigneur soit
tenu le recepuoir en foy & hommage ou luy leuer la main : & au deuant de la main mise le vassal faict les fruicts siens : & n'est tenu de les resti-
tuer, supposé qu'il n'ait pas faict ses debuoirs : qui
est à dire que quand le seigneur dort le vassal veille, & quand le vassal dort le seigneur veille.

XXXIIII.

S I le vassal est en foy de son seigneur feodal
nonobstant ce, par deffault d'adueu non baillé
peut bien saisir & empescher le fief tenu de luy :
mais au moyen de tel saisissement ne peut faire
les fruicts siens.

XXXV.

LE Vassal est tenu bailler son adueu dedans
quarante iours apres la reception de foy & hommage ou dedans quarante iours apres, qui à esté
interpellé par son seigneur de ce faire, & ledict

B

adueu baillé & preſenté par le vaſſal, le ſeigneur
ou ſes officiers ſeront tenuz blaſmer ledit adueu
dedans trois mois apres, autrement & leſdits trois
mois paſſez· ou cas que tel adueu n'ait eſté blaſ-
mé par lediᣟ ſeigneur feodal ou ſes officiers, il ſera tenu pour reçeu & paſſé ſans contrediᣟ &
blaſme.   XXXVI.

POVR adueu non baillé, le ſeigneur feodal
peut ſaiſir & empeſcher le fief tenu de luy tant
que l'adueu ſoit baillé: & commettre Commiſſaires au gouuernement du fief, & quand l'adueu eſt baillé: lediᣟ ſeigneur doibt faire rendre
les fruiᣟs à ſon vaſſal: en payant les fraiz de la
Commiſſion & les fraiz & ſallaires raiſonnables
des Commiſſaires, & quinze ſols tournois d'a-
mende pour l'adueu non baillé dedans leſdiᣟs
quarante iours.

XXXVII.

QVAND la foy & hommage fault du coſté
du ſeigneur feodal & non du vaſſal: & que par
deffault dudit hommage : le ſeigneur feodal faiᣟ
ſaiſir ſon vaſſal, tel ſaiſiſſement eſt reputé vne
ſimple denonciation: tellement que dedãs quara-
rante iours apres ledit empeſchement ou hom-
mages criez & tenuz : il ne peut exploiᣟer lediᣟ
fief n'y commettre Commiſſaires : mais leſdiᣟs
quarante iours paſſez, ledit ſeigneur pourra faire
ſaiſir & commettre Commiſſaires au regime &

gouuernement dudit fief : & toutesfois & quan-
tes que ledit vassal yra faire ladite foy & hommage , ledict seigneur feodal sera tenu le recepuoir,
& apres luy leuer la main, & faire rendre & resti-
tuer les fruicts qui auront esté prins au moyen de
ladite main mise , en payant par ledit vassal les
despens & fraiz pour & à cause d'icelle main mise
& l'amende comme d'adueu non baillé.

X X X V I I I.

S'IL aduient qu'vn vassal eust imposé charge où rente sur son heritage tenu en fief, telle
charge ne preiudicie point au seigneur feodal &
est en son choix de recepuoir en soy celuy qui à
acquis la rente & infeoder icelle, où de le refuser
& s'addtesser à son fief.

X X X I X.

LE Vassal ne peut par quelque maniere que
ce soit obliger n'ypothecquer aucun heritage qui
soit tenu à foy & hommage d'aucun seigneur,
sans le vouloir & consentement dudict seigneur
de fief, au moins que telle obligatió ou ypothec-
que que pourroit auoir faicte d'iceluy heritage le
vassal : puisse ne doibue nuyre ne preiudicier au-
cunemét audit seigneur feodal quád aux droicts
de fief : ne és autres proficts & redebuances feau-
daux ou qui pourroient estre deubz à iceluy seigneur de fief , mesmes ou ledict fief cherroit en
profict de rachapt.

XL.

LES obligations & ypothecques, conſtituez par le vaſſal ſur aucun heritage tenu en fief, ne pourroient & ne peuuent empeſcher que le ſeigneur de fief ne lieue & exploicte en ſa main l'heritage tenu de luy, auecques les fruicts d'iceluy, pendant le temps qu'il n'à point d'homme, & iuſques à ce qu'il ait eſté payé & ſatisfaict des proficts & redebuances de fief qui luy ſont deubz à cauſe d'iceluy heritage : & n'eſt & ne ſera ledict ſeigneur de fief aucunement tenu payer leſdictes ypothecques.

CHAP. VI.
Des ſouffrances.
XLI.

QVAND le ſeigneur feodal donne ſouffrance à ſon vaſſal de fief tenu de luy, il ne le peut plus auoir par puiſſance de fief.

XLII.

LA ſouffrance donnée par le ſeigneur feodal à ſon vaſſal, vault foy durant le téps qu'elle dure.

XLIII.

LE ſeigneur feodal eſt tenu donner ſouffrance au Pere ou à Mere ayeul ou ayeulle, ayans la garde noble de leurs enfans ou autres mineurs d'ans, iuſques à ce qu'ils ſoient en aage de porter

la foy sans payer aucun rachapt ou profit des heritages à eux venuz & escheuz en ligne directe
durant ladicte souffrance & en demandant icello
souffrance: & pareillement aux tuteurs & curateurs de tous enfans mineurs soient nobles ou
non nobles.

XLIIII.

L'ENFANT masle, pour faire & porter la
foy à son seigneur feodal, est aagé en l'aage de
de vingt & vn an, & la fille à quinze ans.

XLV.

QVAND le Vassal desaduoue son seigneur
feodal à seigneur, il commet felonnie & forfaict
son fief enuers luy, & apres tel desadueu, le vassal
doibt auoir main leuée de son fief & fruict & d'i-
celuy, sans preiudice de la felonnie & forfaicture
& confiscation pretenduz par ledict seigneur
feodal.

---

1. 41. *scilicet* à faire foy : *secus* de souffrances de
saisie : *vt quando dominus tantùm permittit cessare à
manu inijcienda vsque ad tempus, infraquod ficed
editio.* C. M.

CHAP. VII.
De cens, & du seigneur censier.
XLVI.

LE feigneur cenfier faict les fruicts fiens des heritages vaccans tenans à cens de luy & par luy mis en fa main & les peut bailler à fon profit iufques à ce qu'il y ait proprietaire venu vers luy recognoiftre lefdicts droicts & debuoirs de cens: & en iceux recognoiffans le proprietaire eft tenu de payer les reparations & meliorations raifonnables qui auroient efte faictes par ledit feigneur cenfier ou celuy à qui ilz auroient efté baillez, & pendant le temps que ledit feigneur cenfier tient iceux heritages en fa main ledict proprietaire demoure quicte enuers luy des arrerages dudict cens.

XLVII.

QVAND aucun heritage eft empefché à la requefte du feigneur cenfier pour les arrerages de cens à luy deub, l'empefchement doibt tenir fans faire recreance des fruits empefchez à l'oppofant audict empefchement, iufques à ce qu'il ait configné trois années d'arrerages de cens feulement ou moins, felon ce que le feigneur ou fon Procureur ayant puiffance affermera par ferment en Iuftice luy eftre deubz, & ce fans preiudice des années precedentes.

XLVIII.

QVAND aucun heritage tenu à cens, eft baillé à rente à refcouffe: ou que fur iceluy eft cóftitué fpeciallement aucune rente à refcouffe, celuy qui à prins ledict heritage à rente à refcouffe:

ou achapté ladite rente rescouable doibt & est
tenu payer dés l'heure du contract au seigneur
censier gands & ventes de la somme aquoy ladite
rescousse se monte ou ladicte rente à esté vendue
tout ainsi que si ledit heritage estoit vendu, pure-
ment & simplement & à ce moyen par la rescousse
ne seroit deuës aucunes ventes.

XLIX.

RENTE infeodée fonciere & perpetuelle
& aussi rente fonciere seigneurialle & premiere
qui sentent estre créée par le bail de celuy qui tiét
en fief l'heritage baillé est reputée cens & tenue
sortir la nature du cens en toutes choses : & non
autrement.

L.

L'HERITAGE tenu à cens vendu ou es-
changé en diuerses centiues, le seigneur censier
doibt auoir pour son droict de ventes vingt deniers tournois pour liure auec les gands de son
sergent estimez à vingt deniers tournois : & le
semblable est de la rente constituée sur iceluy heritage ou le seigneur ayant droict de ventes voudra prendre tel droict de ventes & deppendances d'iceluy pour raison de telle rente ainsi constituée.

LI.

POVR non auoir payé ventes d'heritages
tenu à cens, & pour auoir icelles recellées, est

deub amende de soixante sols tournois , & pour
non auoir paye dedans la huictaine apres le depry, il est deub amende qui vault sept sols six deniers tournois.

LII.

E N bail à rente à tousioursmais d'heritage
tenu en censif, ne sont deubz aucuns gands ne
ventes, sinon qu'il y ait bourse desliée, auquel cas
l'acquereur sera tenu payer prorata de l'argent
desbourcé : mais apres si lesdictes rentes ou heritages sont venduz sont deubs gands & ventes de
ladicte vendition.

LIII.

E N eschanges faicts en diuers censifs, la chose eschangée se doibt priser & estimer pour certi-
fier, sçauoir & cognoistre quelles ventes en sont
deuës aux seigneurs censiers, afin de les leur payer : & se fera la prisée pardeuant le Iuge ou la
matiere sera traictée.

LIIII.

Q V A N D deux heritages ou autres droicts
immeubles estans en vne mesme censiue sont es-
changez sans retour & sans fraude, n'y à aucunes
ventes : & s'il y à retour, il y à ventes dudit retour
& pour le retour seulement.

CHAP. VIII.

LV.

LA Femme noble ou non noble eſt douée de douaire couſtumier de la moictié de tous les heritages & immeubles qui appartiennent à ſon mary, & dont elle le trouua ſeigneur & ſaiſi au iour qu'elle l'a eſpouzé, & qui luy ſont eſcheuz durant leur mariage par ſucceſſion de Pere ou de Mere ayeul ou ayeulle ou d'autres en directe ligne, & s'acquiert ledict douaire dés la premiere nuict que la femme à couché auec ſon mary & commence à auoir cours & effect apres le treſpas dudict mary, & s'il y à douaire prefix & conuentionnel, on ſe doibt reigler ſelon la conuention des parties.

LVI.

DOVAIRE couſtumier (eſt comme dict eſt deſſus) de la moitié de tous les heritages que tient & poſſede le mary, & dont il eſt ſaiſi & veſtu au temps du mariage faict & conſommé entre luy & ſa femme, & de ceux qui luy viennent & eſchéent apres & durant iceluy mariage par ſucceſſion de ligne directe.

LVII.

DOVAIRE conuentionnel eſt celuy qui eſt accordé, taxé & limité en traicté de mariage

par paction & conuention faicts entre le mary &
la femme ou leurs Procureurs & Commis ayans
puiſſance.

LVIII.

ENTRE non nobles le douaire couſtumier
& conuentionnel ſe finiſt & termine par le treſpas de la femme douée.

LIX.

LE douaire par le treſpas de la femme douée
ſe finiſt & eſtainct : ſoit qu'elle treſpaſſe auant le
mary ou apres, ſauf qu'entre les nobles le douaire de la mere eſt repute le propre heritage des enfans yſſus en mariage, en telle maniere qu'il ne
peut eſtre vendu obligé ne ypothecqué contre
ne au preiudice d'iceux enfans.

LX.

LA douairiere eſt tenue en luy faiſant deliurance de ſon douaire, bailler caution de iouyr
& vſer des choſes à elles baillées.ainſi que vſufrui-
ctier eſt tenu bailler ſelon droict, & ſi eſt tenue
entretenir les heritages & choſes qui luy ſeront
baillées en l'eſtat que baillées luy ſeront, & ac-
quicter les cens,rétes & debuoirs fonciers deubs
& eſcheuz durant qu'elle en iouyra.

LXI

DOVAIRE couſtumier ſaiſit dedans l'An
& iour du treſpas du mary.

LXII.

DOVAIRE prefix n'à point de lieu iufques à ce qu'il foit demandé en Iugement.

LXIII.

FEMME douée de douaire prefix, ne peut demander douaire couftumier s'il ne luy eft permis par fon traicté de mariage.

LXIIII.

DOVAIRE prefix à lieu, & courent les arrerages d'iceluy, depuis le iour & datte que ledit douaire à efté demandé en Iugement par celuy ou ceux a qui il eft deub aux heritiers du mary dont procede & qui à conftitué ledict douaire.

LXV.

DOVAIRE en meuble retournera aux heritiers de celuy qui aura creé tel douaire apres le trefpas de la femme.

CHAP. IX.

De Communauté & diuifion de biens communs.

LXVI.

HOMME & Femme qui font conioincts par mariage en premieres nopces, s'ils ont efté & demouré An & iour enfemble en mariage ils font communs en biens meubles, debtes, creances mobiliaires faicts auparauant ledict mariage & durant iceluy & des acqueremens faicts durant leurdict mariage par eux ou l'vn d'eux, en telle maniere que entre non nobles apres le trespassement de l'vn d'eux, iceux meubles & creances mobiliaires & acqueremens se diuisent entre les heritiers du trespassé & le suruiuant esgallement, si autrement le trespassé n'à disposé de sa part. Et entre nobles tous les meubles appartiennent au suruiuant si bon luy semble, en payant par luy toutes les debtes, creances mobiliaires, obseques & funerailles, & entre lesdicts nobles, les acqueremens faicts durant leurdict mariage se partissent comme dessus.

LXVII.

SI Homme & Femme conioincts par mariage ou l'vn deux ont esté autre-fois mariez ils sont communs dés la premiere nuict de leur mariage és biens meubles, debtes personnelles & acqueremens qui se font durant & constant leurdict mariage, & aussi des debtes & creances mobiliaires esquelles chacun desdicts conioincts estoient tenuz au precedant dudict mariage.

LXVIII.

Quand l'vn desdicts conioincts ensemble par mariage en premieres nopces va de vie à trespas, deuant l'an & iour escheu d'iceluy mariage, communauté n'a point de lieu, & peut chacũ reprendre ce qu'il à apporté.

L X I X.

SI deux conioincts par mariage font durant
iceluy labourer aucun heritage qu'ils tiennent à
ferme moifon ou penfion, apres le trefpas d'iceux
conioincts ou l'vn deux, les fruicts ameubliz fe
partiront par moictié comme fruicts venuz d'acquerement faict durant leur mariage. Et fi les
fruits font encores pendans par la racine en l'heritage defdits conioincts ou de l'vn deux lors dudict trefpas, ils fe partiront auffi par moitié pour
l'année dudict trefpas, & feront tenus payer chacun par moictié, les charges & redeuances deubs
pour raifon dudict heritage en ladite année, fans
comprendre en ce les fruicts naturelz & non in-
duftriaux ainfi pendans par la racine lors dudict
trefpas qui feront & demoureront au proprietaire de tel heritage, foit le furuiuant ou l'heritier
du decedé.

L X X.

POVR acquerir droict de communauté entre deux ou plufieurs, trois chofes font requifes:
La premiere eft qu'il y ait lignage entre eux, &
qu'ils foiét perfonne de foy, vfans de leurs droicts
La feconde qu'ils ayent demouré enfemble par
an & iour à defpens communs. La tierce qu'il y
ait apport & communication de biens par chacune des parties. Et fes trois chofes concurrens
ils font communs és biens meubles, & acquere-

mens faicts par eux ou l'vn d'eux, s'il n'y à accord
ou protestation au contraire, durant ladite communauté, & durera icelle communauté de biens
tant entre mariez qu'autres, si aucuns d'eux decede, iusques à ce que le suruiuant ait faict faire
inuentaire ou aucune acte contraire.

CHAP. X.

De mariage, & de la puissance que le mary
à sur la femme & sur ses biens.

LXXI.

L A Femme est en la puissance de son mary,
tellement quelle ne peult estre en iugement
ne faire contracts sans l'auctorisé de son mary, si elle n'est marchande publicque ou proposée en aucune negociation par son mary. Auquel
cas elle peut contracter touchant ce qui concer-
ne le faict de la negociation & marchandise seulement, à laquelle elle à este ainsi proposée, &
non autrement.

LXXII.

P A R mariage le mary est reputé maieur &
personne de foy en iugement & dehors tellemét
qu'il peut poursuiure ses actions & passer tous
contracts, toutesfois si ledict mary en faisant ses
contracts est soubz laage de vingt cinq ans, & il
& il est lezé par iceux contracts il pourra estre re-

stitué pour le regard de ses choses & biens immeubles.

---

l. 73. *Videtur ergo de immobilibus tantùm: sed idem
puto de mobilibus si est enormis læsio, cùm vterque sit
in iure.* C. M.

LXXIII.

PAREILLEMENT la femme est repu-
tée maieure & personne de foy en iugement &
dehors, & peut pourſuiure ſes actions & paſſer
tous contrats le tout auec l'authorité de ſon mary. toutesfois ſi le mary luy preſtant authorité eſt
au deſſous de l'aage de vingt cinq ans & la femme auſſi mineure de vingt cinq ans eſt lezeé par
le moyē deſdicts contracts elle pourra eſtre rele-
ueé diceulx comme il eſt contenu en l'article pre-
cedent.

LXXIIII.

LE mary à le gouuernement & adminiſtration des heritages & poſſeſſions de ſa femme le
mariage durant, & eſt ſeigneur des biens meubles, fruictz profictz & reuenuz apartenans à ſa
femme, & de ſes debtes il les peult demander &
pourſuyure en iugement & dehors en ſon nom
ſans ſa femme & luy en competent les actiós per-
ſonnelles & poſſeſſoires, ſans toutesfois qu'il
puiſſe vendre ne aliener les heritages & poſſeſſi-

ons de ſadicte femme ſans ſon vouloir & conſen-
tement, mais peut ſeul ſans ſadicte femme diſpoſer à ſon plaiſir & volonté de tous les meubles &
conqueſts immeubles communs entr'eux & faits
durant leur mariage, fors que par teſtament il ne
peut diſpoſer que de la moitié d'iceux meubles &
conqueſts à luy appartenans.

CHAP. XI.

De retraict par puiſſance de fief.

LXXV.

VN ſeigneur chaſtellain peut retirer & appli-
quer à ſon domaine vn heritage aſſis en ſa
chaſtellenie, vendu & mouuant de luy en fief, en
payant le prix que l'acqueſteur en à baillé & payé
& les loyaux couſtemens, dedans l'an & iour de
la vendition d'iceluy heritage, & dedans quarante iours apres qu'on luy à notifié ladicte vente &
exhibé les contracts s'aucuns en y à par eſcript, &
en ce faiſant peut faire de ſon fief ſon domaine,
s'il n'à reçeu l'achepteur dedans ledict temps en
ſa foy, ou donné ſouffrance.

LXXVI.

LE lignager du vendeur du coſté & ligne
dont l'heritage vendu luy eſt venu & eſcheu, eſt
à preferer au ſeigneur chaſtellain ou retraict d'i-
celuy

celuy heritage dedans l'an & iour de la vendition
& àce que ledit seigneur de fief ne puisse estre fru-
stré de son droict en celant par les achepteurs la
vendition de telz fiefz, lachepteur de tel'heritage
sera tenu notiffier au lieu dont il est tenu en parlant au seigneur où à ses Officiers: si aucuns en à
ledit acquerement par luy faict & luy exhiber ses
contracts si aucuns en y à, portez par escript quarante iours au plus tard auparauant la fin de l'an
& iour Et où il notifiera plus tard, ledict seigneur
pourra du iour de la cognoissance qu'il en aura
demander dedans quarante iours apres tel heritage par puissance d'icelle.

CHAP. XII.

De retraict lignager.

LXXVII.

QVI vend son heritage propre à luy venu
de succession de ses parens & lignagiers à
vn estrange de la ligne dont meut ledit heritage, il peut estre retraict par vn du lignage dudict vendeur, du costé & ligne dont l'heritage luy
est escheu dedans l'an & iour de la possession reelle & actuelle faite & prinse sans fraude par l'acquereur au moyen de son tiltre d'acquisition pu-

C

blicquement en preſence de perſonne publicque
& teſmoings, en rembourſant l'achepteur des
deniers de la vente dedans le temps de couſtume
qui eſt de huiƈtaine apres l'adiudication ou recognoiſſance faite par l'acquereur: Et auſſi des fraiz
& loyaux couſtemens. que l'acquereur fera taxer
& liquider dedans ledict temps de huiƈtaine de
ladiƈte adiudication ou recognoiſſance, le retra-
yant appellé pour ce veoir faire, & ou cas que ledict acquereur n'aura faict ou peu faire taxer feſ-
dicts fraiz & loyaux couſtz dedans ladite huiƈtaine, le retraiant fera neantmoins le rembourſemét
de ladiƈte acquiſition. Et huiƈtaine apres ladiƈte
taxe & liquidation deſdits fraiz faite, luy appellé
pour ce veoir faire: rembourſera iceux fraiz &
loyaux couſtemens, aliàs & en deffault de ce faire
fera deſcheu dudit retraict. Et luy feront par l'acquereur les deniers du fort principal qui auroient
eſté pour ce faict remboufez audict retraiant,
renduz & reſtituez, & s'il y à aucun qui foit plus
prochain lignager dudiƈt coſté dont meut lediƈt
heritage vendu, que celuy qui aura faict bailler
lediƈt adiournement, qui vueille auoir lediƈt heritage par retraiƈt il fera preferé à celuy qui aura
faiƈt bailler ledit adiournement pourueu qu'il
vienne dedans quinzaine apres la premiere affi-
gnation de ladite matiere qu'on fera tenu prendre en plain iugement en rembourfant par lediƈt

plus prochain lignager, l'autre lignager des fraiz
mises & loyaux couſtemens faicts par celuy qui
aura faict bailler iceluy adiournement. & s'il y en
à deux ou pluſieurs en ſemblable degré, qui veulent auoir par retraict ledict heritage vendu. laiſ-
né ſera preſere au puiſné, & le maſle à la femelle,
Et s'il n'y à que filles, laiſnée ſera preferée aux
puiſnées, & ſera tenu ledit prochain lignager faire
ſerment qu'il ne demande point iceluy retraict
en fraude, mais le demande pour luy pour le re-
mettre en ſa ligne, & s'il eſt trouué qu'il y ait fraude de ſon coſté, ſera condampné en amende ar-
bitraire du Iuge, & à delaiſſer ledit heritage a luy
adiugé, à celuy qui aura faict bailler ledit premier
adiournemét pour le ſort principal & loyaux couſtemens faicts pour raiſon de ladicte premiere
vente.   LXXVIII.

L'adiournement en matiere de retraict ſe doibt
faire ſur le lieu & heritage qu'on veult retraire
preſens teſmoings hors huictaine, qui s'entend
qui doibt auoir huict iours francs, entre le iour de
l'adiournement, & le iour de l'aſſignation, & ſignifier ledit adiournement à l'achepteur, & à la
premiere aſſignation de la cauſe les deniers doibuent eſtre offers à deſcouuert par celuy qui veult
retraire tel heritage, & autrement le retraiant de-
chet dudit retraict: ſauf toutesfois que pour ſucceſſion vniuerſelle ou pour aucun droict de ſuc-

ceſſion ou autre droiᶜᵗ incorporel qu'on voudra
retirer ſuffiſt faire l'adiournement à perſonne au
domicille, de l'acquereur en la preſence de teſmoings en faiſant les offres que deſſus, & pareillement ou il y à pluſieurs pieces de terre venduës
ſuffiſt faire l'adiournement & offres que deſſus
ſur l'vne deſdiᶜᵗes pieces de terre pour toutes les
autres eſtans en vne meſme ſeigneurie.

L X X I X.

E T ou l'achapteur ſera demourant hors de
ceſte Baronnie, fins & enclaues d'icelle : la ſigni-
fication de l'adiournement qui ainſi ſera faiᶜᵗ, ſera faiᶜᵗe au detenteur de l'heritage ſi aucun en y a
& à cry publicq, à l'iſſuë de Meſſe Parrochial du
lieu ou leſdiᶜᵗs heritages ſeront aſſis.

L X X X.

S I homme & femme ſont conioinᶜᵗs par mariage, & il leur eſt adiugé aucũ heritage par retrait
ſoit du coſte du mary, ou de la femme, tel heritage ainſi retraiᶜᵗ eſt reputé acquerement & de-
meurera au ſuruiuant d'iceux conioinᶜᵗs par
moiᶜᵗié, & aux enfans du deffunᶜᵗ l'autre moitié
s'il y à enfans d'iceluy mariage, & s'ilz n'ont enfans ceux du lignage dedans l'an apres le decez
de la perſonne du coſté de laquelle à eſté faiᶜᵗ le-
diᶜᵗ retraiᶜᵗ ou de ſes enfans, pourront auoir iceluy heritage ainſi retraiᶜᵗ par maniere de rembourſement, ſuppoſé qu'il y ait pluſieurs ans paſ-

ſez depuis ledit retraict, en payant comme deſſus
les deniers chaſtels & loyaux couſtemens & ſera
le plus prochain lignager, preferé comme deſſus.

LXXXI.

Deſbourſement & rembourſement à lieu
quand on vend ſon heritage propre à aucun
de ſon lignage, & apres l'achapteur le vend
à vn eſtranger & hors du lignage dedans l'an &
iour & temps que deſſus, l'vn des lignagers du
coſté dont meut ledit heritage, le peut auoir par
forme de rembourſement, en rembourſant l'a-
chapteur du ſort principal & des loyaux couſtemens comme dict eſt, & ſera le plus prochain lignager preferé comme deſſus.

LXXXII.

E T pareillement ledit rembourſement à lieu
quand celuy à qui aucun heritage eſt adiugé par
retraict lignager le vend à vn eſtranger de la ligne
en y venant dedans l'an & temps que deſſus, &
en rembourſant comme deſſus, & pour ledict
rembourſement n'eſt deub aucun droict de ventes, comme dict eſt.

LXXXIII.

Quand aucun heritage propre eſt baillé à rente, à reſcouſſe à vn eſtranger de la ligne, l'vn des
lignagers du bailleur, du coſté & ligne dont meut
ledict heritage, le peut auoir par retraict dedaus
l'an, iour & temps dudit bail que deſſus, à la char-

ge de ladicte rente & rescousse, & en ce faisant sera tenu ledict lignager descharger & garantir le
preneur de ladicte prinse à rente, & de ce bailler
caution suffisante, & sera le prochain lignager
preferé comme dessus.

L X X X I I I I.

Quand aucun baille son heritage propre ou
partie d'iceluy ou par autre contract la leue auec
desbourcement de deniers où autre meuble à
personne estrange de la ligne dont meut ledict
heritage, tel heritage est subiect à retraict & rem-
boursement comme dessus enuers le lignager du
costé & ligne dont meut ledict heritage propre,
adiugé par decret, est subiect à retraict lignager
en gardant les solemnitez que dessus.

L X X X V.

Quand aucun baille son heritage propre à ré-
te à tousiours mais à personne estrange de son lignage, son lignager du costé & ligne dont meut
ledit heritage, peut auoir par retraict ladite rente
perpetuelle, si elle est vendue dedans l'an de ladicte vendition, en remboursant l'achepteur du
sort principal & loyaux coustemens, & sera preferé le plus prochain lignager comme dessus.

L X X X V I.

QVAND aucun vend sur son heritage pro-
pre à rente à personne estrange, le lignager du costé & ligne dont meut ledit heritage peut auoir

par retraict ladite rente dedans l'an & iour de ladicte vendition, en remboursant l'achapreur cô-
me dessus, & sera le plus prochain lignager preferé comme dessus, & ce pourueu toutesfois que
que l'achepteur de ladite rente ne veulle declarer
que pour raison d'icelle rére il ne se veult addres-
ser sur l'heritage propre du vendeur, auquel cas
telle rente ne sera subiecte à retraict.

---

l. 86. Non est intelligendum des rentes, *vollantes
ad rationem duodecimæ, per ea quæ dixi in tract. de
commer. & vsur. & in consuet. Parisis.* §. 57. C. M.

LXXXVII.

LE temps de retraict lignager ne court point
finon depuis l'infeodation ou la saisine & possession reelle faicts, euz & prins par l'achepteur, &
sans fraulde.

LXXXVIII.

QVAND aucun de deux conioints vend
son heritage, & des deniers de telle vente est fait
acquest par lesdits conioincts ou l'vn d'eux d'autre heritage, tel heritage ainsi acquis de tels deniers sans fraulde, sortira la nature dudit heritage
premier, & sera reputé tel & de telle nature que
ledit heritage premierement vendu tant quand

C iij.

au retraict que autrement.

LXXXIX.

SI vn achepteur dedans l'An du retraict edif-
fie de nouueau ou faict reparation non necessai-
re sur la chose par luy acquise subiet a retraict, si
tel heritage est retraict telles meliorations ne se
restituent point par le lignager ou seigneur retraiant, mais pourra l'acheteur tollir lesdites reparations si faire le peut sans endommager la chose.

LXXXX.

SI aucun baille son heritage propre à rente à
tousioursmais à personne estranger & hors la ligne dont meut ledit heritage: & en ce faisant
il y ait bourse desliee deniers ou autres choses e-
quiuallens baillez ou promis bailler en ce cas le
lignager du costé dont vient & procede ledit heritage le pourra auoir par retraict lignager à la
charge de ladite rente: & en payant lesdicts deniers ou choses equiuallens & loyaux coustemés
dedans le temps de coustume comme dessus, &
en ce faisant le preneur sera deschargé de ladicte
rente, & sera le plus prochain lignager preferé
comme dessus est dict.

LXXXXI.

POVR heritages ou autres choses adiugées
par retraict lignager ou par forme de rembourse-
ment, ne seront deubz gands, ventes ne profficts
de fief au seigneur censier ou feodal, mais seulle-

ment aura icelluy cenfier ou feodal lefdits gands,
ventes & proffits de fief, de la vendition faicte
au moyen de laquelle eft faict ledict retraict ou
rembourfement: lefquels gands, ventes & proffits de fief, feront comprins & chaftels & loyaux
couftemens fi ledit achepteur les à payez : finon
fera tenu celuy a qui fera adiugé ledit retraict, les
payer audit Seigneur cenfier ou feodal.

LXXXXII.

S'IL eft trouué que l'acquereur ait commis
dol & fraulde pour fruftrer le lignager du retraict
lignager: & il eft par apres defcouuert & l'heritage adiugé par retraict audit lignager par iugemét
contradictoire, tel acquereur perdra fon fort
principal & fera confifqué à iuftice.

LXXXXIII.

CHOSE mobiliaire ne chet point en retraict, qui n'eft habille à fucceder ne peut à retraict lignager afpirer.

CHAP. XIII.

De feruitude & Prefcription.

LXXXXIIII.

EN villes, faulx-bourgs, bourgades & villages
de ladicte Baronnie, chacun eft tenu de foy
clorre de clofture conuenable entre fon voifin &

soy, ou bailler terre pour porter ses eauës en son
dangier, ou en ruë & hors le danger & dommage de son voisin, s'il n'y a seruitude constituée au
contraire°

LXXXXV.

AVCVN ne peut auoir ne tenir veuës ou
fenestres ouurant contre & sur l'heritage de son
voisin, sinõ qu'elles soient de sept pieds de hault
à rez de terre ou de plancher & voirre dormant,
ne prescripre en tout ce que dict est par quelque
temps ou iouissance que ce soit, s'il n'y à seruitude constituée au contraire.

LXXXXVI.

LE Seigneur feodal & le vassal ne peuuent
prescripre l'vn côtre l'autre au regard des droicts
& deuoirs seigneuriaux, & de la proprieté, par
quelque temps qu'ils iouyssent de l'heritage, ne
semblablement en droict censuel, excepté toutesfois des rachapts. & arrerages de cens qui
pourroient estre deubz qui se prescriuent par le
laps de trente ans, & lesquels rachapts & arrerages ledict vassal ne sera tenu payer apres qu'il
aura iouy trente ans paisiblement de son fief &
sans auoir esté inquietté, & seront les rachapts
& arrerages deubz auparauant lesdicts trente
ans couuers. Et aussi par la reception de foy &
hommage faicte par le seigneur sans reseruatió
expresse des rachapts qui luy sont deubs, tous

rachapts precedans ſont couuers.

XCVII.

MARCHANS, gens de meſtiers, hoſtel-
liers, tauerniers, & autres vendans leurs danrées
& marchandiſes en deſtail, chirurgiens, bar-
biers, orfeures, Appothicaires, Maçons. Char-
pentiers, Laboureurs, Manouuriers, Seruiteurs,
& autres mercenaires en ladicte Baronnie de
Chaſteauneuf, fins & enclaues d'icelle, ne pourront faire action queſtion ou demande de leurſ-
dictes denrées & marchandiſes, ſalaires & ſerui-
ces apres le temps de ſix mois, fors & excepté
de celles qui auroient eſté & ſeroiét recogneues
par obligation ou cedulle.

CHAP. XIIII.

De decret, criées & ſubhaſtations.

XCVIII.

QVAND aucun heritage eſt mis en criées
par ordonnance de Iuge àla requeſte d'aucun, les ſolempnitez gardées, tel heritage
appartenant au debteur, doibt entant que tou-
che ledict debteur, eſtre ſequeſtré & mis en la
main de Iuſtice & regy par Commiſſaires auec
les fruicts d'iceluy pendant leſdictes criées au
proffit de qui il apparriendra, ſi le debteur ne

vouloit garnir ou satisfaire, en quoy faisant doit
iouyr pendant lesdictes criées.

XCIX.

Il est loisible aux creanciers ausquelz sont
deubs aucuns deniers, ou qui ont droict de rente sur aucun heritage dont arrerages sont deubs
& escheuz, & esquelz le detenteur est enuers eux
obligé ou condampné, de faire mettre ledict heritage, par deffault de payement d'iceux deniers
ou arrerages en criées & subhastations, les solé-
nitez en tel cas requises & gardées.

C.

LES criées & subhastations d'heritages se
doibuét faire par le Sergent en vertu de la Com-
mission du Iuge de la Iustice du seigneur chastel-
lain ou haut Iusticier, soubs laquelle telz herita-
gesfont subiects, ou en vertu des obligations en
forme autanticque ousentence, apres comman-
dement fait au debteur de payer & reffuz par
luy faict, en la maniere que s'ensuit : c'est assça-
uoir par quatre iours de marché suyuant l'vn
l'autre en ladite ville de Chasteauneuf & lieux
où il y a marché: & en plat pays ou il y a marché
au prochain marché de la chastellenie ou ledit
heritage est assis. & encores par quatre iours de
Dimanche à l'issuë de la Messe Parrochialle en la
quelle Parroisse tels heritages sont assis, & icelles quatre criées faites & parfaictes & deuëment

rapportées & passées & la quarantaine passée à
compter du iour que fut faite la premiere criée,
ic elles criées seront rapportées en iugement en
la Iustice de laquelle deppendront lesdits heritages criez, à iour ordinaire de plaids, & iceux tenans seront leuës en iugement à haute voix, en
presence du Iuge, qui tiendra le siege des Aduo-
cats & Procureurs & assistans qui seront nom-
mez, par l'aduis desquelz ledit Iuge declarera si
lesdites criées sont bien & deuément faites : &
continuées suiuant la commune vsance de ladite Baronnie, par acte qui sera signé du Greffier
ou son Commis & attache ausdites criées.

C I.

DES la premiere criée le Sergent mettra &
attachera la coppie des criées contenant la de-
claration des heritages & ancheres du creancier
à la porte de l'Eglise parrochialle ou lesdits heritages seront assis, & aussi l'attachera au pousteau
des hallees du marché ou lesdites criées seront
faites , à ce qu'aucun ne puisse pretendre cause
d'ignorance.   C I I.

LES criées ainsi faictes & parfaictes, le Sergent qui aura fait lesdites criées ou autre adiour-
nera le proprietaire parlant à sa personne ou à
domicille à iour certain pardeuant le Iuge, pour
veoir interposer le decret de sesdits heritages, &
bailler moyens de nullité si aucuns en veut bail-

ler, enfemble les oppofans fi aucuns en y à, pour
dire leurs caufes d'oppofition. lequel iuge auant
que adiuger par decret lefdits heritages fera pre-
alablement droiȼt fur la nullité defdites criées
& caufe d'oppofition, à fin de diftraire: & fur les
oppofitions formées pour rentes & droiȼts re-
els fonciers. fi aucuns en y à. Ce faiȼt le iuge pro-
ceddera à l'adiudication par decret au plus of-
frant & dernier encherifſeur, à la charge des
droiȼts & debuoirs Seigneuriaux, frais & defpens des criees à qui il appartiendra: & auant
ladite adiudication les caufes d'oppofition des
oppofans. lettres & tiltres ferōt communiquées
tant au proprietaire s'il compiert pourfuyuant,
que autres.   C iii.

QVAND aucun heritage eft adiugé par decret & il fe trouue fur iceluy rentes & hypothe-
ques conftituées pour prix d'argent. elles feront
amortiflables en rembourfant les creanciers du
pris de la vente d'icelles rentes, & en payant les
arrerages iuftement & loyallement deuz.

C iiii.

TOVS oppofans feront receuz à oppofitiō
auant le decret feellé, mais s'ils s'oppofent apres
les caufes d'oppofition des oppofans commu-
niquez, tant au proprietaire pourfuyuant que
oppofans, feront tenuz de refonder les defpens
des refponces qu'il conuiendra faire à leurs cau-

ſes d'oppoſition, comme deſpens prealables &
preiudiciaux.   CV.

QVAND aucun heritage eſt adiugé par decret, les ſolemnitez en tel cas requiſes, gardées,
ledit decret baillé & delliuré en forme autenti-
que au dernier encheriſſeur & poſſeſſion prinſe
au moyen d'iceluy decret, les heritages à luy ad-
iugez par iceluy : ledit acquereur eſt faict par ce
moyen proprietaire & poſſeſſeur de tel heritage
à luy adiugé par ledict decret en telle maniere
que tous ceux qui auparauãt ledit decret euſſent
peu pretendre ou demander aucun droict d'hi-
potecque proprieté ou poſſeſſion ſur tel heritage
en ſont forclos, priuez & debouttez.

CHAP. XV.
De donation mutuelle.
CVI.

DEvx conioincts enſemble par mariage ſoiét
nobles ou roturiers ayans enfans peuuent
donner l'vn à l'autre mutuellement tous & chaſ-
cuns leurs meubles & cõqueſts immeubles pour
en iouyr par le ſuruiuant par vſufruict à la charge de nourrir & entretenir par le ſuruiuant durant ledit vſufruict les enfans ſelon leur eſtat,
& auant que en auoir la deliurance par les mains
de l'heritier : ſera tenu ledict ſuruiuant faire

inuentaire & bailler caution & si ledit suruiuant
se remarie ladite donation mutuelle demeure
nulle, & entre roturiers lesdits meubles & conquests immeubles: & entre nobles les conquests
se departissent entre le suruiuant & les enfans du
premier decedé, & s'il n'y à nuls enfans dudict
mariage, lesdits deux conioincts pourront don-
uer mutuellement l'vn à l'autre tous leursdicts
meubles, conquests immeubles pour en iouyr
par ledit suruiuant en proprieté.

C VII.

AVSSI par donation mutuelle homme &
femme conioincts ensemble par mariage peuuent disposer & faire don l'vn à l'autre des fruicts de leurs heritages propres par vne année
seullement.

C VIII.

CONQVEST immeuble est ce qui est
acquis par les conioincts, ou l'vn d'eux durant
leur mariage:& acquest est vn terme general qui
comprent les acqueremens faicts auant le mariage & depuis.

CHAP. XVI.

Des Donations & contracts faicts entre vifz.
C I X.

V N

VN chacun peut donner vendre & aliener ſes
heritages ainſi que bon luy ſemble par ven-
ditions, donnations & autres contracts faicts entre vifz, ſans le conſentemeut de ceux qui luy
doibuent ſucceder, & vault telle donnation alie-
nation ou diſpoſition, & meſmement ladicte
donnation quand elle eſt faicte entre vifz & par
perſonnes y doines à ce faire & à perſonnes capa-
bles, pourueu que par ladicte donnation, les enfans des dônateurs ne ſoient point priuez de leur
legitime part & portion à eux deué de droict de
nature.   C x.

DONNER & retenir ne vault ſi le dona-
teur ne baille la poſſeſſion de la choſe par luy dô-
née & toutesfois il s'entend qu'vn chacun peut
donner & bailler la poſſeſſion reelle ou retenir
l'vſuffruict de la choſe qu'il donne & vault telle
donation, o retention d'vſuffruict en ce deſiſtant
de la proprieté.

CHAP. XVII.

Des legz & ordonnances teſtamentaires
& de derniere volonté.
# C XI.

TOVS executeurs teſtamentaires ſont ſaiſiz
par an & iour apres le treſpas du teſtateur de

D

tous &chacuns les biens meubles ſeulle ment de-
mourez par le decez d'iceluy teſtateur, en faiſant
inuentaire deuëment &à la charge d'appeller par
leſdits executeurs les heritiers du deffunct pour
veoir payer les debtes & autres choſes qui pourront eſtre deuës par ledict teſtateur, autres que
les ordonnées pour ſes obits, obſeques, & funerailles, leſquelles choſes ordonnées par iceluy teſtateur pour ſeſdicts obits, obſeques, & funerailles, leſdits executeurs pourront payer & mettre à
execution ſans appeller leſdicts heritiers, & neantmoins ſi leſdicts heritiers d'iceluy decedé veulent bailler argent contant auſdicts executeurs
pour accomplir ledict teſtament,entant que tou-
che ſeſdits obits,obſeques & funerailles & autres
debtes cogneues & baillent bonne & ſuffiſante
caution de payer les autres debtes & accomplir
le reſidu dudict teſtament dedans ledit an, en ce
cas leſdits heritiers auront ſi bon leur ſemble deliurance deſdicts biens meubles.

<h2 style="text-align:center">CXII.</h2>

TOVS teſtamens codicilles, ordonnances
& diſpoſitions de derniere volonté, faicts & paſſez par teſtateur en la preſence d'vn Notaire où
Tabellion & trois teſmoins, ou du Curé ou Vi-
caire du lieu & trois teſmoins: & auſſi ſi tel teſtament codicille& ordónance de derniere volonté
eſcripts & ſignez le tout de la main du teſtateur,

sans tesmoins, seront bons & vallables, & à iceux
adioustera l'on plaine & entiere foy : & si ledict
testament, codicilles, ordonnances & dispositiós
de derniere volonté n'estoient faicts & passez, les
solemnitez dessusdictes obseruées & gardées, ilz
ne vaudront & seront de nul effect & valleur.

Cxiii.

HOMME & femme conioincts par maria-
ge, & autres habilles & ydoines à tester, peuuent
disposer par testament & ordonnãce de derniere
volonté, & de tous leurs biens meubles & acqueremens immeubles, & du quint de leurs propres
auec le reuenu d'vne année de tous iceux propres
à leur plaisir & volonté, & les donner & laisser à
qui il leur plaira poururu que les enfans des te-
stareurs ne seront priuez & frustrez de la legitime
à eux deüe de droict de nature.

Cxiiii.

AVCVN ne pourra estre ensemble heritier
& legataire en vne mesme succession.

CHAP. XVIII.

De succession.

Cxv.

REPRESENTATION aura lieu en ladicte
Baronnie, enclaues, fins, mettes & ressort

françois d'icelle , en ligne directe *in infinitum*, & tant qu'elle se pourra estendre & en ligne collateral, iusques aux freres & enfans des freres, suy-uant la disposition du droict.

Cxvi.

LE mort saisist le vif son plus prochain heri-tier habille à luy succeder, & sans apprehension de faict.

Cxvii.

INSTITVTION d'heritier, n'à point de lieu en ladicte Baronnie.

Cxviii.

LES heritages d'aucun deffunct, soient en fief ou en censiue, viennent & escheent aux plus prochains lignagers dudict deffunct du costé & ligne, dont iceux heritages meuuent & descen-dent.

Cxix.

EN succession de ligne collateral, les filles ne prennent riens és choses tenues en fief, & si le fils aisné, n'ayant aucuns enfans procreez de sa chair en mariage, decede, le plus aagé des puisnez sur-uiuant ou le representant aura par preciput le principal manoir appartenant audit fils aisné de-cedé auec arpent & demy de terre, & la iustice: & le reste de la succession se partira esgallement entre luy & les autres freres, & consequemment de puisnez en puisnez.

Cxx.

ES heritages tenuz en censif, & és heritages
tenuz à rente, n'y à point d'auantage entre freres
& sœurs aisnez ou puisnez en ligne directe ou
collateralle.

Cxxi.

TOVS heritages qui escheent en succession
de ligne collateral, sont reputez le propre heritage de ceux à qui ilz escheent.

Cxxii.

QVAND aucun va de vie à trespas ayant
enfans de diuers mariages, sesdicts enfans tant du
premier que second mariage luy succederont, tãt
és propres que conquests, soit feodaux ou roturiers, esgallement le droict & prerogatiue d'ais-
n'esse gardée, & sont tous mariages reputez se-
conds, hors le premier.

Cxxiii.

VN pere ou vne mere ne peuuent par donation faicte entre vifz, & par testament & ordonnance de derniere volonté, ou autrement en
maniere quelconque, auantager l'vn de leurs enfans venans à leur succession, plus que l'autre.

Cxxiiii.

LE pere & la mere ayeul ou ayeulle, succedent aux biens meubles & conquests immeubles
de leurs enfans qui decedent sans hoirs de leur
chair seulement, & non és propres, par ce que

propre ne remonte point.

Cxxv.

TOVS Religieux & Religieuſes, profez, ſont forclos & inhabilles de ſucceder à quelque ſucceſſion qui leur peut aduenir ſoit directe ou collateralle, & le Conuent ou Monaſtere ou leſdicts Religieux ou Religieuſes ſont profez ou demourans, ne pourront pretendre aucun droict pour ne ou nom & lieu deſdicts Religieux & Religieuſes n'autrement.

Cxxvi.

EN ſucceſſion de ligne collateral, comme de ftere ou ſœur, les freres & ſœurs qui ſont conioincts *ex vtroque parente* excluent ceux qui ne ſont conioincts que d'vn coſté, quand aux meubles & acqueſts, mais quand aux heritages propres le frere vterin, ou d'vn ſeul coſté pourra ſucceder eſdicts propres, s'il ſont du coſté duquel il attainct au deffunct, & en ce cas & autres ſucceſſions collateralles, ſe praticquera la raiſon, *paterna paternis, materna maternis.*

Cxxvii.

SI par le pere ou mere ou l'vn d'eux, en leur viuant à eſté donné aucune choſe à aucun ou aucuns de leurs enfans, & apres leur treſpas ilz ſo veullent d'eux porter pour heritiers auec leurs autres enfans qui n'ont rien eu, & auſquels n'à eſté aucune choſe donné, ilz ſont tenuz de rap-

porter & mettre esdictes successions ce qui ainsi
leur à esté donné pour estre party auec les autres
biens desdictes successions entre eux & leurs autres enfans leurs coheritiers. ou moins prenants
esdicts biens desdictes successions autrement ne
doibuent estre receuz à eux porter heritiers de
leursdicts pere ou mere.

Cxxviii.

EN ligne collateralle les propres heritages
d'aucun deffunct retournent à ses parens & lignagers habilles à luy succeder les plus prochains du
costé & ligne, dont procedent & luy sont venuz
& escheuz lesdicts heritages si d'iceluy deffunct
ils se veulent porter pour heritiers suppose qu'ils
ne soient plus prochains simplement dudit deffunct.

Cxxix.

LES heritiers d'aucun deffunct en pareil degré, tant en meuble qu'immeuble sont tenus per-
sonnellement de payer & acquitter les debtes d'i-
celuy deffunct, dont ils sont heritiers chacú pour
telle part & portion qu'ils sont heritiers d'iceluy
deffunct.

Cxxx.

LES parens & lignagers des Euesques & autres gens d'Eglise seculiers, leur succedent.

Cxxxi.

L'ONCLE succede à son nepueu, auant le
cousin germain.

CXXXII.

TOVS inſtrumens & obligations autenticques, faicts ſoubs les ſeaux de ceſte Chaſtellenie,
ou autres ſeaux autenticques, ſeront executoires
contre l'obligé, & contre ſes heritiers, chacun
pour ſa portió contingente, apres toutesfois que
leſdictes obligations auront eſté declarées executoires par iugement, contre leſdicts heritiers.

CHAP. XIX.

De bail, garde, tutelle, & curatelle
d'enfans mineurs.

CXXXIII.

PAR le treſpas de pere ou de mere, les enfans
ſont en leurs droicts & hors de la puiſſance
d'autruy, ſuppoſé qu'ils euſſent ayeul ou a-
yeulle, & deffault la puiſſance que le pere auoit
ſur eux.   CXXXIIII.

SI tels enfans ſont mineurs & ſoubs aage, ils
doiuent auoir tuteurs & curateurs pour gouuer-
ner eux & leurs biens. ſi le pere ou la mere, ayeul
ou ayeulle, n'en vouloient prendre ou recueillir
la garde, gouuernement & adminiſtration, ce
qu'ils peuuent faire de leur authorité, ſans en ve-
nir à iuſtice, & peuuent renoncer les pere & me-

te, ayeul ou ayeulle, à ladite garde si bon leur semble.   **Cxxxv.**

SI le pere ou la mere prend la garde des enfans mineurs d'ans, orphelins de pere ou de mere s'ils sont nobles, les meubles appartiennent au suruiuant de son chef, & les fruicts des heritages sont audict pere ou mere gardien seullement. Et ce en nourrissant & entretenans lesdits mineurs, selon leur estat & soustenans leursdicts heritages, & aussi en payant les charges & redeuances d'iceux heritages durant le temps de ladite garde.

Cxxxvi.

SI la mere qui à la garde, se remarie, la garde faut, par ce qu'elle reuient en la puissance de son mary: & quant au mary, ne la perdra point s'il n'est trouué qu'il fust de maluersation, ou qu'il tournast à pauureté, auquel cas il sera pourueu par iustice.   **Cxxxvii.**

ENTRE roturiers, le pere ou la mere peuuent prendre la garde de leurs enfans qui est reputée tutelle legitime: & seront subiects neantmoings à faire inuentaire & rendre bon compte & reliqua.   **Cxxxviii.**

DVRANT la garde d'enfans mineurs d'ans n'y à point de proffit de rachapt au seigneur feodal pour raison d'icelle garde.

Cxxxix.

EN ceste Baronnye, bail de mineurs n'aura

plus lieu, mais sera pourueu de tuteurs & curateurs, sinon que les peres ou meres eussent prins
la garde diceux mineurs ainsi que dessus est dict.

C x l.

TOVS gardes & tuteurs, tant legitimes da-
tifs qu'autres sont tenuz faire inuentaire & tenir
comte : sauf toutesfois les pere & mere nobles,
lesquels quant aux meubles & fruicts qui sont a
eulx, comme dict est dessus, seront excusez de
comte, mais non de faire inuentaire des heritages, tiltres, & enseignemens desdicts mineurs.

CHAP. XX.

Amende de fiefz & de cens.

C x L I.

QVI recelle & ne paye, ou deprye, dedans
huictaine au seigneur, son recepueur ou
commis ou au procureur ou sergent là où
ledict seigneur, recepueur ou son commis ne se
ront demourans & residans sur le lieu où l'on à
accoustumé faire ledit payement ou depry les vé-
tes de l'heritage acquis est amendable de soixante sols tournois enuers le seigneur, & s'il deprye
dedans la huictaine de son acquest & il ne paye
lesdites ventes dedans la huictaine ensuyuant le-

dit depry, il eſt amendable de ſept ſols ſix deniers tournois. **CXLII.**

QVI leue ou faict enleuer les fruicts ou cho-ſes empeſchées par le ſeigneur feodal ou cenſier apres l'empeſchement ſignifié, il chet en amende de ſoixante ſols tournois, pour main enfrainte ſi tel ſeigneur empeſchant à iuſtice iuſques à ſoixāte ſolz tournois. Et s'il a iuſtice fonciere ſeullement, n'y à que ſept ſols ſix deniers tournois, & eſt tenu reintegrer les fruicts par luy leuez.

CXLIII.

QVI tient heritage à cens, qui eſt deu à cer-tain lieu & il ne paye ou deprye au iour & lieu, il chet en amende de ſept ſols ſix deniers tournois, vers ledit ſeigneur cenſier, & s'il ne paye ledict cens apres le depry il eſt en amende cōme deſſus.

CXLIIII.

QVAND aucune perſonne vend ou conſti-tue rente ſur ſon heritage, l'achepteur d'icelle rente doibt les ventes audict ſeigneur cenſier où foncier, dont eſt tenu & mouuant l'heritage ſur lequel ledict vendeur à conſtitué ladicte rente.

1.144. *Ceſt article eſt generallement corrigé par tout ce Royaume, par l'arreſt fondé en raiſon generalle, comme i'ay eſcrit ſur la couſtume de Paris §. 57. ſans és cas que i'ay exceptez audict lieu.* **C. M.**

CXLV.

PAR deffault de payer les ventes le seigneur auquel elles sont deuës, peut faire saisir l'heritage & fruicts d'iceluy vendu ou aliené, pour raison duquel lesdictes ventes sont deuës, & au regime d'iceluy faire ordonner Commissaires, sans ce que toutesfois au moyen dudict saisissement il face les fruicts siens.

CXLVI.

ET ledict seigneur payé desdictes ventes & amendes, sera tenu leuer la main en payant les fraiz de l'empeschement & Commissaires, ou pourra ledict seigneur si bon luy semble, poursuiure lesdites amandes & ventes par action.

CXLVII.

IL est loisible à vn seigneur foncier ou censier de poursuyure l'acquesteur & nouuel detenteur d'aucun heritage estant en sa censiue ou seigneurie fonciere, à fin d'apporter & exhiber les lettres d'acquisition d'iceluy heritage, si aucune en y à, pour estre payé des droicts de gands, ventes, saisines & amendes, s'ils y eschéent.

CXLVIII.

LE Seigneur censier ou foncier, peut proceder ou faire proceder par voye d'arrest ou brandon sur les fruicts pendans en l'heritage, à luy redeuable d'aucun cens ou fons de terre, pour les arrerages qui luy sont deubs.

CHAP. XXI.

Amende de champart.

CXLIX.

QVI leue ou emporte les fruicts d'vne terre tenuë à champart ou terrage, au desceu & sans le faire sçauoir au seigneur à qui le champart appartient, ou à son procureur & commis: il chet en amende de soixante sols tournois, enuers ledict Seigneur, & est tenu de rendre le dit droict de champart ou terrage.

CHAP. XXII.

Amendes de prinse de bestes.

C L.

EN prinse de bestes, le preneur bien famé & renommé, sera creu par son serment, de la prinse desdites bestes, faisans dommage, & vaut ladicte amende, pour la prinse faicte hors forest & bois taillables cinq sols tournois, & sauf à celuy auquel les bestes prinses appartiennent, de recouurer ladicte amende & ses autres dommages & interests, au cas que ledit preneur seroit trouué auoir mal faict ladicte prinſe.

CHAP. XXIII.

Amendes d'arreſt & main miſe.

CLI.

QVI leue ou tranſporte, ou faict leuer & tranſporter aucune choſe par deſſus l'arreſ & main miſe ſignifiée d'vn ſeigneur qui à iuſtice ſuſques à ſoixante ſols tournois, il chet er amende de ſoixante ſolz tournois, & doit rein tegrer ladicte main miſe. Et ſi ledict ſeigneur à moindre iuſtice ny à que ſept ſolz ſix deniers tournois. Et doibt reſtablir & réintegrer comme deſſus.

CLII.

ON ne peut faire de nouueau Coulumbier ne trye ne volliere ou il afflue multitude de pigeens en la iuſtice d'autruy, ſans le congé du Seigneur chaſtellain.

CLIII.

QVAND deux ou pluſieurs ſont obligez vn ſeul & pour le tout, vn chaſcun d'entre eux peult eſtre & ſera executé de toute la ſomme dené ſans faire diuiſion ne diſcution, ſuppoſé qu'ils n'ayent renoncé au benefice de diuiſion.

CLIIII.

QVAND aucun reſpond ou ſe conſtitue debteur ou faict ſa propre debte pour au roy il peult eſtre pourſuyui de la ſomme & choſe pour laquelle il a reſpondu & s'eſt conſtitué debteur ſans faire diſcution ſur le premier debteur.

FIN

DES COVSTVMES GENE-
ralles de la Baronnye & Chaſtellenie de CHASTEAVNEVF en Thimerais, Reſſort François, & deppendances des lieux, Terres, & Seigneuries, eſtans és fins, mettes & enclaues d'icelle Baronnie & Chaſtellenie. Arreſtees en l'An
1552.